正向教育
故事系列

樹熊思思
請明辨是非

蘇·格雷夫斯 著

特雷弗·鄧頓 繪

潘心慧 譯

U0111230

新雅文化事業有限公司
www.sunya.com.hk

正向教育故事系列

《正向教育故事系列》全套16冊，**旨在培養孩子正向的性格強項，發揮個人潛能，活出更精彩豐盛的人生。**

在本系列裏，動物們遭遇到孩子成長中會遇到的困境，幸好他們最終都能發揮相關的性格強項，完滿地解決事情，還得到意外驚喜。

小朋友，準備好了嗎？現在，就讓我們進入正能量世界，一起跟着

 鱷魚卡卡學**毅力**　　 大象波波學**仁慈**

 豹子達達學**團隊精神**　　 長頸鹿高高學**公平**

 河馬胖胖學**正直**　　 獅子安安學**希望**

 猴子奇奇學**審慎**　　 烏龜娜娜學**勇敢**

 老虎哈哈學**自我規範**　　 犀牛魯魯學**社交智慧**

 灰狼威威學**愛**　　 樹懶樂樂學**熱情與幹勁**

 樹熊思思學**開明思想**　　 斑馬敏敏學**勇敢和毅力**

 奇異鳥滔滔學**自我規範**　　 熊貓元元學**社交智慧**

每冊書末還設有**親子/師生共讀建議**，幫助爸媽和孩子說故事呢！

 升級功能

　　本系列屬「新雅點讀樂園」產品之一，若配備新雅點讀筆，爸媽和孩子可以使用全書的點讀和錄音功能，聆聽粵語朗讀故事、粵語講故事和普通話朗讀故事，亦能點選圖中的角色，聆聽對白，生動地演繹出每個故事，讓孩子隨着聲音，進入豐富多彩的故事世界，而且更可錄下爸媽和孩子的聲音來說故事，增添親子閱讀的趣味！

　　「新雅點讀樂園」產品包括語文學習類、親子故事和知識類等圖書，種類豐富，旨在透過聲音和互動功能帶動孩子學習，提升他們的學習動機與趣味！

　　家長如欲另購新雅點讀筆，或想了解更多新雅的點讀產品，請瀏覽新雅網頁 (www.sunya.com.hk) 或掃描右邊的QR code進入 新雅・點讀樂園 。

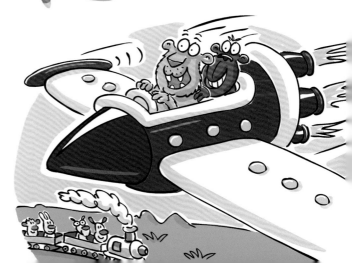

如何使用**新雅點讀筆**閱讀故事

① 下載本故事的聲音檔案

1 瀏覽新雅網頁(www.sunya.com.hk) 或掃描右邊的QR code 進入 新雅・點讀樂園 。

2 點選 下載點讀筆檔案 ▶ 。

3 依照下載區的步驟說明，點選及下載《正向教育故事系列》的聲音檔案至電腦，並複製至新雅點讀筆的「BOOKS」 資料夾內。

② 點讀故事和選擇語言

啟動點讀筆後，請點選封面 新雅・點讀樂園，然後點選書本上的故事文字或說話的人物，點讀筆便會播放相應的內容。如想切換播放的語言，請點選每頁左上角的 粵/書 粵/口 普 圖示，當再次點選內頁時，點讀筆便會使用所選的語言播放點選的內容。

語言圖示說明

粵語 朗讀故事　粵語 講故事　普通話 朗讀故事

安安的塑形的嘴太大了，他無法坐上小型賽車。不過他一點都不介意，還去玩大賽浸遊。安安覺得這個機動遊戲更好玩呢！

然後大鳥老師看看手錶，她說時間剛剛好，大家還來得及一起去玩沖天過山車。那是森林樂園裏最高、最快、最刺激的機動遊戲！

20

❸ 播放整個故事

如想播放整個故事請點選下面的圖示：

選擇語言

粵語
朗讀故事

粵語
講故事

普通話
朗讀故事

播放整個故事

播放

暫停

停止

❹ 製作獨一無二的點讀故事書

爸媽和孩子可以各自點選以下圖示，錄下自己的聲音來說故事！

1. 先點選圖示上 爸媽錄音 或 孩子錄音 的位置，再點 OK，便可錄音。
2. 完成錄音後，請再次點選 OK，停止錄音。
3. 最後點選 ▶ 的位置，便可播放錄音了！
4. 如想再次錄音，請重複以上步驟。注意每次只保留最後一次的錄音。

爸媽請使用
這個圖示錄音

孩子請使用
這個圖示錄音

OK
爸媽錄音

OK
孩子錄音

樹熊思思常常不做出正確的選擇。她從不愛護自己的單車，總是把它留在外面淋雨。結果單車生鏽不能動了，她就大發脾氣。

媽媽指出思思不懂好好愛護自己的東西，思思卻不接受媽媽的批評。

　　有一晚，思思不想上牀睡覺，她說她一點也不累。不過，媽媽說睡眠不足的話，思思第二天起來後，會感到很累和容易生氣的。

　　但思思不肯聽話，還大哭大鬧，結果拖到很晚才上牀休息。

第二天，思思果然感到很累。
她說她太累了，不想上學。

媽媽說思思昨晚要是願意聽從她的建議，準時上牀休息，就不會精神不振，可惜思思沒有做出正確的選擇。

當天早上，大鳥老師給全班讀故事。她請大家安靜坐好，專心聆聽。

但思思沒有安靜坐好，也沒有專心聆聽。更糟糕的是，她還不停大聲打哈欠！大鳥老師非常生氣。

在畫畫時間，河馬的畫筆斷了，他問思思可
不可以借畫筆給他。

　　思思已經畫完了，但她還是說不行！河馬感到很難過。

在午餐時間，思思不選任何蔬菜。鱷魚太太說蔬菜對身體很好，可以讓大家保持健康和強壯。

但思思一點也不在乎，她反而拿了很多很多蛋糕。老虎說只吃蛋糕絕對不是健康的選擇！

在遊戲時間，思思也沒有做出正確的選擇，她完全不為別人着想。她把小獅子撞倒了，卻懶得看看他有沒有受傷。

　　大家都很生思思的氣，他們說如果她不好好地玩耍，就不要一起玩了。思思聽了很難過。

當天下午，思思肚子痛，必須去見學校的護士獵豹先生。思思告訴獵豹先生，她沒有聽取鱷魚太太意見，吃了很多蛋糕。獵豹先生說選擇正確、健康的食物很重要。

然後，思思開始反省，自己總是不願意接受別人的批評和意見。獵豹先生說，他每次做選擇前，都會停下來，想一想。他也會考慮別人給自己的建議，仔細思考，作出正確決定。思思說她也會嘗試這麼做。

當天晚上，到了睡覺時間，思思記得要停下來，想一想，她想起了媽媽的叮囑，然後做出正確的選擇。她終於準時上牀睡覺了！

第二天，她完全不覺得累，她專心地聆聽大鳥老師讀故事。

她跟河馬和猴子分享她的顏料，他們說思思真體貼。

24

在午餐時間，思思記得要停下來，想一想，然後做出正確的選擇。她聽從鱷魚太太的建議選了很多好吃的蔬菜，鱷魚太太說她很懂事。最重要的是，思思不再肚子痛了！

在遊戲時間，思思發現操場上有一輛玩具車，她很想玩，但那不是她的。

　　思思記得要停下來，想一想，然後做出正確
的選擇。於是她把玩具車交給大鳥老師，老師說
這輛車是老虎的，思思便把玩具車交回老虎。

老虎很高興能找回他的玩具車，他問思思要
不要和他一起玩玩具車，思思非常高興。

大鳥老師稱讚思思做了正確的選擇，讓自己和別人都更快樂，思思也認為做出正確的選擇讓她開心多了！

認識正向心理學的 24 個性格強項

　　正向心理學之父馬丁・賽里格曼 (Martin Seligman) 與其他學者合作，研究出一套以科學驗證為基礎的正向心理學理論，提出每人都能培育及運用所擁有的性格強項，活出更豐盛的人生。

　　正向心理學中的性格強項分成 6 大美德 (Virtues)，共 24 個性格強項 (Character Strengths)。只要我們好好運用性格強項和應用所累積的正向經驗，日後無論是在順境或逆境中，我們仍然能從中獲得快樂及寶貴的經驗。

現在，一起來認識 24 個性格強項：

智慧與知識
(Wisdom & Knowledge)
喜愛學習 (Love of Learning)
開明思想 (Judgement)
洞察力 (Perspective)
創造力 (Creativity)
好奇心 (Curiosity)

勇氣
(Courage)
正直 (Honesty)
勇敢 (Bravery)
熱情與幹勁 (Zest)
毅力 (Perseverance)

節制
(Temperance)
謙遜 (Humility)
審慎 (Prudence)
寬恕 (Forgiveness)
自我規範 (Self-regulation)

24 個
性格強項

公義
(Justice)
公平 (Fairness)
團隊精神 (Teamwork)
領導才能 (Leadership)

靈性與超越
(Transcendence)
希望 (Hope)
感恩 (Gratitude)
幽默感 (Humour)
靈修性 (Spirituality)
對美麗和卓越的欣賞
(Appreciation of Beauty and Excellence)

仁愛
(Humanity)
愛 (Love)
仁慈 (Kindness)
社交智慧 (Social Intelligence)

故事中主角所發揮的性格強項

　　樹熊思思常常不做正確的選擇，令老師和同學感到生氣和難過，同學們更因為思思不做正確選擇而不想再和她玩。她一次因為肚子痛而去找護士獵豹先生，獵豹先生提醒她要正確選擇食物才不會肚子痛。

　　在與獵豹先生傾談後，思思明白到每次做選擇前，都要停下來，想一想，以免做出錯誤決定。然後，她發揮了**開明思想**這個性格強項，學會了**判斷**什麼選擇才算是**正確**，作出**自我審視**，並能做到正確的選擇。思思更因此變得開心多了！

 ## 親子 / 師生共讀建議

讀完故事後，和孩子談談這本書：

❶ 與孩子談談故事的情節，鼓勵孩子按時間順序複述故事的情節。

❷ 討論一下做出正確選擇的重要。請孩子回想他們沒有做對選擇的情況，例如：沒有按時睡覺？第二天感覺怎樣？

❸ 現在請他們想想自己做過的一些選擇。有沒有記得在老師說話或講故事時，安靜坐好，專心聆聽？他們覺得做正確選擇有什麼好處？例如，可以不受干擾地好好聽故事，或聽清楚所有指示後，更容易完成老師的要求。

❹ 藉此機會討論一下健康食品的選擇。請孩子發表意見，說說哪些食物是健康的，哪些沒有那麼健康，以及為什麼選擇健康食品那麼重要。

❺ 給每個孩子一個紙碟，請他們在上面畫四種健康食品。完成後，請他們向其他人展示自己的紙碟，並說明他們的選擇。

正向教育故事系列

樹熊思思，請明辨是非

作　　者：蘇·格雷夫斯（Sue Graves）
繪　　圖：特雷弗·鄧頓（Trevor Dunton）
翻　　譯：潘心慧
責任編輯：黃碧玲
美術設計：郭中文
出　　版：新雅文化事業有限公司
　　　　　香港英皇道499號北角工業大廈18樓
　　　　　電話：（852）2138 7998
　　　　　傳真：（852）2597 4003
　　　　　網址：http://www.sunya.com.hk
　　　　　電郵：marketing@sunya.com.hk
發　　行：香港聯合書刊物流有限公司
　　　　　香港荃灣德士古道220-248號荃灣工業中心16樓
　　　　　電話：（852）2150 2100　傳真：（852）2407 3062
　　　　　電郵：info@suplogistics.com.hk
印　　刷：中華商務彩色印刷有限公司
　　　　　香港新界大埔汀麗路36號
版　　次：二〇二三年十月初版

ISBN : 978-962-08-8220-3
Original published in the English language as *"Behaviour Matters! Koala Makes the Right Choice (A book about choices and consequences)"*
Text © Hodder and Stoughton 2020
Illustrations © Trevor Dunton 2020
Copyright licensed by Franklin Watts, an imprint of Hachette Children's Group,
Part of Hodder and Stoughton
Traditional Chinese Edition © 2023 Sun Ya Publications (HK) Ltd.
18/F, North Point Industrial Building, 499 King's Road, Hong Kong
Published in Hong Kong SAR, China
Printed in China